Sommaire

L'OISEAU 3

THE BIRD 3

RONDO 3

LES PENSEES TREPASSEES 4

SIGNE DE LA VIE 5

SIGNE DE LA MORT 5

L'HORLOGE 6

THE LAST GOOD BYE 7

L'ARBRE BLANC, TOUT BLANC 8

A LA MEMOIRE DE L'OIE 9

CARNAVAL GLACE 10

LA NOUVELLE CHARTE 11

MON VŒU 12

LE RECYCLAGE DE LA TERRE 13

PARIS 14

LA DANSE DU MONDE 15

VENISE MON AMOUR 16

MOSAÏQUES COSMOPOLITES 17

L'ILE DE GROIX 18

EN ARTOIS 19

LA MER EN 35 VERS / OU MEDITER SUR CES DOUCEURS SURANNEES 20

NINA CHIENNE 22

A MON MARI 24

A MAMAN / TO MY MUM 25

L'ARCHANGE 26

DEVENIR GRAND 27

LES BAMBINS 28

LES AMIS 30

LA TREVE DE L'AUTOMNE	31
L'ODE A LA NATURE	33
NEIGE BLEUE	34
IVRESSE D'AOUT	35
POESIE	36
ERIC	37
JULIE	38
SILHOUETTES ET PROFILS	39
LA PREMIERE NUIT DE MAI	40
MON AMOUR EST	41
MIROIR BLUES	42
L'EDUCATION SENTIMENTALE	43
ABECEDAIRE (DE DER ?)	44
LE NOUVEL ALPHABET	45
PETIT POEME CONTRARIANT/ OU QUAND ON AIME ON A TOUJOURS VINGT ANS	46
L'ARAIGNEE DE LA VIE	47
LES POETES	48
HOMMAGE AU GENIE	49
PASTICHE	50
VEAU-LUBILIS	50
MANO A MANO ou LA PAUME EFFEUILLEE	51
POEME DU SOIR	51
INTENTIONS	52
RIMBAMBELLE	52
ADRESSES	54
CARAMBOLAGE	55
LA PISCINE	55

L'OISEAU

J'aimerai être un oiseau
Pour voler de mes propres ailes
Prendre l'envol plus tôt
Pour être peut-être belle
La vie déjà m'appelle
Et manque le repos.

THE BIRD

I want to be a bird
To fly with my wings
To take my fly away
To be perhaps beautiful
The life already calls me
But the rest miss to me.

Charlotte Gandon /1983

RONDO

urires de Printemps,
gole de mes larmes au cœur de l'Eté.
ais à l'Automne, bouche rêveuse et juteuse,
vres enivrées qui à l'Hiver vont se gercer.

Spring smiles,
Heart of Summer tears drops,
Then in Autumn, dreaming and juicy mouth,
Drunked lips, cleaved by Winter.

Charlotte Gandon /1987

LES PENSEES TREPASSEES

Mes pensées sont là
Elles m'ennuient, me tracassent.
Alors je prends cette plume,
Et je tente, un instant,
De les plaquer, de les fixer.
Mais elles s'en vont, s'envolent,
Puis reviennent,
Pour me narguer, me titiller,
Alors énervée j'essaie,
Je me concentre pour ne plus penser.
Je tente d'oublier, tout doit disparaître,
Jusqu'au moindre complexe.

Ma tête est vide,
Ma tête est légère.
Elle va s'envoler
Comme toutes mes pensées…
Il faut la remplir !
Il faut l'alourdir !
Que mettre dedans ?
Des mots, des phrases,
De la matière,
Des matières,
Orthographe, géométrie
Grammaire ; mais il faut réfléchir,
Réfléchir c'est penser.

Ces pensées ….

Charlotte Gandon/1986

SIGNE DE LA VIE

Oh ! vie,
Toi qui ris,
Toi qui nais,
Si pleine d'attrait.
Toi qui m'attire,
Par tout tes rires.

Vie de toujours,
Vie de jamais,
Vie d'un amour,
Vie en arrêt.

Vie d'aujourd'hui,
Vie d'hier,
Vie de demain.
Celle que je vis,
Celle qui s'éloigne telle une rivière,
Ou bien celle vers qui nous tendons nos mains.

SIGNE DE LA MORT

Enfin arrivée,
Je suis bien,
Dans l'allée,
Au bout du chemin.

J'ai traversé,
Beaucoup de pays
Beaucoup de contrées,
Pour reposer ici.

J'ai voyagé,
Tout vu,
Tout aimé,
Tout vécu.

Ce fut
La dernière
Parole de la grand-mère,
Qui alors, pour toujours, se tu.

Charlotte Gandon/1984/ NB : Zodiac

L'HORLOGE

Depuis toujours,
Etait écrit
Que le temps,
Sans cesse, coulerait.
Pour l'éternité,
Chronos compterait
Les grains de sable du sablier.

Un jour,
Pourtant,
Sans bruit,
L'horloge usée
S'est arrêtée.

Charlotte Gandon /1985

THE LAST GOOD BYE

I saw the shinning sun
I cried and I prayed:
In the name of the Lord,
Rest in Peace,
May God help you!
Rest in Peace
And stay in Love with Life,
In peace with every one
With all the shade and the spirits,
Rest in Peace ;
We'll never forget you, ever ...
Stay in Peace,
Under the moon and the flowers,
Have a rest,
In a calm mood forever.

L'ADIEU

Dans le soleil couchant
Entre les cris et les pleurs
Par Dieu invoqué
Entre ses mains
Repose en paix
Et continue à aimer la vie
A être en paix avec chacun
Parmi les ombres et les esprits
Repose en paix
L'oubli n'est pas de mise, jamais,
Reste en paix
A l'abri de la lune et des fleurs
Repose-toi,
D'humeur égale et bonne pour toujours.

Charlotte Gandon Sachs /26 avril 2013

L'ARBRE BLANC, TOUT BLANC

Oh ! Le beau sapin blanc,
Aussi doux qu'un enfant
Pourquoi est-il là ?
Ah, ça je ne sais pas
Peut-être à cause de cette tradition
Qui le détient comme un trait d'union
Entre la vie,
A laquelle on l'arrache
Et l'oubli,
Du massacre des coups de haches.

Mon très cher bien aimé
A quel sort se fier ?
'A celui qui vous est réservé'
M'a-t-il répliqué.

Charlotte Gandon /1983

A LA MEMOIRE DE L'OIE

Après ce festin de roi
Mes enfants
Quel émoi !

Soudain ce sont les chandelles
Qui, par devant,
Illuminent la pièce, utilement,
Deviennent, chaque an, plus belles,
Et au loin on distingue faiblement,
Comme un battement d'ailes.

C'est l'oiseau encore vivant,
Ou du moins son restant,
Qui, si jeune, si frêle,
A été tué cruellement.

Et en le lui brûlant,
Ce bâton d'encens,
Je dirais en priant
Ceci est en l'honneur de l'innocent.

Charlotte Gandon /1983

CARNAVAL GLACE

Noël blanc comme le début du Monde
Noirceur du ciel sauvé par les étoiles pétillantes.

Noël de plomb que le vent fait frémir
Pleurs de vie puérils comme de l'encre.

Noël rouge comme un anniversaire
Oubli de l'éternel charnier sous un masque de fête.

Noël jaune aux pétales d'encens
Partages de rêves sur une terre sans avenir.

Noël vert comme une chenille de fer et de sang
Mer et terre, sables infinis sous un soleil divin.

Noël d'ocre triste comme l'espoir perdu
Naissance d'arômes subtils sous les orgues harmonieuses.

Noël bleu sapin comme une nuée d'anges heureux
Tendresse future dans le calme et l'azur.

Noël rose ourlé d'une grenade de bonheur
Attachement terrible et vain à l'orange liberté.

Noël doré comme un souvenir lointain
Offrande aquarellée de la veine du destin.

Noël beige charmé par le temps qui court
Icône mélancolique où la nuit fait sa crèche.

Noël pourpre aux accents de tempête
Incertitude du jour passé au cri perçant des chats.

Noël translucide comme un flocon de rire mort
Magie éphémère dans la lavande vive de nos jours.

Charlotte Gandon / Décembre 1992

LA NOUVELLE CHARTE

Les routes du Monde
Semblaient immenses et calmes ;
Mais lorsque mon pied s'y est posé,
Se sont animées,
Remplissant mon cœur de chansons.

Les routes de l'Homme
Semblaient mystérieuses et ardues ;
Mais aujourd'hui se peuplent d'aventures.

Les échanges d'Amitié
Tournoyaient brusquement ;
Mais s'amarrent maintenant,
Dans une mer simple et claire.

Le rêve d'exister,
D'alléger les pleurs de ceux qu'on veut aimer,
En apportant sa volonté,
S'est mué en un oiseau,
Tout blanc de légèreté.

Qui donc était cet homme ?
A retentit parmi mes heurs,
Annonçant la douce lueur
De la Liberté.

Charlotte Gandon/ Juin 1989

MON VŒU

Quiconque a vécu
L'heure bleue
A la fin d'une nuit
D'été,
A défié les tempêtes ;
S'est imprégné
Du crépuscule rosé et orangé,
En se laissant gagner
Par la fraîcheur du soir.

Quiconque a surmonté
Sa peur du noir
De l'inconnu, de l'autre,
A laissé les averses
Lui mouiller ses cheveux ;
S'est roulé dans la neige,
A appelé le vent
Pour gifler ses désirs
Et ses rêves
Et l'emporter,
Par delà du soleil brûlant.

Quiconque a ressenti
Tout cela,
Et même plus !
Voudra sans-doute
Créer ; recréer,
Cette atmosphère
Mystérieuse et douce.

Je souhaite que chacun
Glorifie le Monde
En signant un chef d'œuvre
Ne fut ce qu'un chant
Ephémère,
Et source d'Espérance.
Charlotte Gandon décembre 1989

LE RECYCLAGE DE LA TERRE

Qu'est ce qui vous pousserait à réfléchir
A la chimère d'une bulle bleue trop pleine ?

Qu'est ce qui vous pousserait à croire
Qu'il faut lui ouvrir les veines ?

Qu'est ce qui vous ferait penser
Que la Paix est déveine ?

Qui pourrait donc vous redire
Que l'inventeur de la poudre n'était qu'un enchanteur ?

Qui pourrait donc vous réécrire l'Espoir
D'une aube remplie de vie, et la tristesse d'une larme en fleur ?

Qui pourrait donc vous reparler
De ces décisions justes, valant toujours plus qu'une salve de fusil ?(ennemi de nos heurts)

Pourtant ces rappels amers
Vous semblent bien inutiles …

Pourtant cet appel à la mer
Ne veut que préserver une musique pour certain bien futile.

Pourtant ce message ne réitère
Que les airs de notre si grande ile !

Car presque tout le monde sait
Que les flots se font de glace, et avancent lentement.

Car presque tout le monde naît
Les yeux pleins d'indulgence.

Car presque tout le monde se tait
Sans demander la guerre ni même l'indigence.

Ces lettres entre vos mains
Me paraissent bien vaines.

Mais l'échec ne vient
Que si la patience on abandonne…

Qui sait combien d'instant un enfant de la Terre
Pleurerait sous les coups des armes qui annihilent ?

Puisque la dignité ne s'enfuit vivement
Que si à la peur on s'adonne. Que peuvent apporter de traits
Si ce n'est l'union des contrées d'une planète s'apaisant, l'Espérance dans le cœur ?

Charlotte Gandon / Octobre 1990

PARIS

Paris a des îles	Some Paris' islands,
Que nul ne connaît	Whoever knows them ?
Dans ses creux se lovent	Town bridges stay
Les ponts de la ville	Deep in its heart.
La Seine a des chemins	And no one comes back,
Dont nul ne revient	From the Seine pathway !
Ses nuages mauves	Its mauve clouds,
S'enfuient à jamais	Already gone away…

Charlotte Gandon-Sachs / Le 26 octobre 2011

LA DANSE DU MONDE

La Terre n'est qu'un poème,
La Lune n'a rien de blême,
Le Soleil leur sourit.

La mer s'en va rêver,
Le ciel va se parer,
Les astres leurs sourient.

La nuit se prend au jeu,
Le jour l'attend un peu,
Les nuages les emportent.

Le fleuve s'éternise,
Le vallon s'amenuise,
Les vents les emportent.

La pierre est maîtresse de douceur,
Le temps abuse souvent des fleurs,
Le rêve les éteindra.

L'Espoir s'envole en retard,
La poussière subtilise les regards,
L'Amour les éteindra.

Le sable s'enflamme en beauté,
La terreur apaise la pureté,
La source les tarit.

L'humilité se fait de glace,
L'air songe aux bidasses,
Le regret les tarit.

Charlotte Gandon /Septembre 1990

VENISE MON AMOUR

En Avril il fera beau,
Mais demain,
La cité coloriée,
Venise, gèlera.

En Juin je te quitterai,
Mais demain,
Au milieu des pigeons
De la place Saint Marc,
Je te rencontrerai.

En Juillet dans mes voyages,
Ton souvenir fleurira,
Et une larme, sûrement,
Perlera sur notre amour délaissé.

Charlotte Gandon / 1988

MOSAÏQUES COSMOPOLITES

Il est des soirs
Où je ne peux dormir
Et je ne veux boire
Aucun jus ; j'aspire,
Cependant, à rejoindre
Des horizons perdus.

Quand je vois poindre
Enfin l'inconnu,
Je défaille
Devant l'immensité,
Et je m'attache au détail
De ces pays secrets.

Mes idées mêlent,
Subtilement, les steppes
Et les alizés, en un cocktail
Plus fin que le ferment
Des fruits de ceps ;
Des épices de salsa,
Alors, valsent euphoriquement,
Au gré des macumbas.

Je compose une palette
De marchés fleuris,
De villes en fête,
Et de souks à saris.

Puis mon rêve se poursuit
Par une liesse aux bizarres bruits,
Et de multiples parfums inventés
Qui m'écœurent à force d'être poudrés.

Pour ces danses pourtant
Jamais réellement vécues,
Je m'en irai souvent
Papillonner sur une Terre aperçue.

Charlotte Gandon Mai1991

L'ILE DE GROIX

A la mémoire du pays des vieux rois,
Leur regard pur et ridé perdu dans le bleu de la mer
Ils cueillaient des poissons en raclant le fond
Des vieux océans froids et perchaient leur thon
Timonier au devant du poitrail du portail de leur culte marron
Et loin de leurs Dundee aux voiles chamarrées, je m'amarrais vivement
Dans le flot tout glissant de l'océan errant.

A quoi bon être l'oiseau, la mouette,
Vers le ramage du mage
Offrant quelques images
Qui riment doucement….

Charlotte Gandon / 1989

EN ARTOIS

C'est souvent à l'heure sans sommeil de la nuit,
Qu'entre deux rêvasseries me viennent par images les moments passés,
Ici ; l'appartement ancien, tout en silence,
Se repose au bord de sa rue, en Artois.
Ses murs aux aguets résistent encore au lierre souverain,
Les grandes fenêtres fermées m'incitent à étouffer hors de ma torpeur.

Lovée, au lit, j'entends les pas noctambules des voisins,
Une voiture attardée sillonnant le calme de la cité ;
Et aussi, juste le murmure agaçant d'un souffle d'air
Dehors ; Enfin, les bruits de la nuit que chacun connaît…
Je sais qu'il y a après l'immeuble le clocher d'une église et
La multitude des toits de ce qui fût jadis une ville royale.

Et puis, on peut voir, entre les volets de fer, le jardin d'en face
Aux arbres ruisselants, cerise ou tilleul, neige ou bien vent.
Sous mes yeux mi-clos, des rosiers thés se fanent et mes envies d'ailleurs
Frémissent toujours. Il faut que m'extraie de l'alcôve tranquille, énervée,
Je tourne en rond. L'orage se joue à nouveau comme une fête.
Un mirage calciné empourpre les nuages. Je passe au salon, dégagé.

Aux murs affichés, des images amicales, figées sous la lumière
Blafarde ; loin de moi près de mon cœur - j'effleure le papier peint flétri.
Pourtant je revis les rires, je ressens les sourires. Ils sont tous là, en visite.
Dans l'ombre, le téléphone reste silencieux. Personne n'appellera.
Les chats sont couchés. La lune clémente seule m'accompagne.
Je vais boire. Dans la cuisine ça sent le citron propre.

Qu'apprendrais-je demain ? Que nous réserve l'avenir ?
La ville sereine du haut de ses millénaires distille ses orangers et
Je ne peux dormir. Je vais rejoindre la mort à force de trop vivre.
La salle d'eau et ses jeux de fraicheur m'invitent au repos bienfaisant.
Un livre somnifère sous les yeux me distrait. Abritée, j'inspire un peu
D'air de la rue, dite d'Artois. Arrivent tout d'un coup de légers projets.

De ballades du Parc au Grand Canal, de fêtes nocturnes, jets d'eaux, traits de couleurs.
Je songe aussi au blanc palais, cerné d'une marée de statues, de buissons
D'écureuils, de musiques baroques. Leur son s'amplifie
C'est le réveil tiède, comme celui des nuits fatigantes.
Quelques pépiements plein d'entrain, avant les cris de l'école proche…

…M'attirent au-delà de ce havre. La douche exhale
Le magnolia, fraicheur verte. La journée se prépare
Alerte. La musique me secoue. Des images paradis,
Sur les cloisons accueillent l'hôte de passage. La porte se ferme
Rue d'Artois. J'ouvre la boîte aux lettres, en vain. Un train entre
En gare de Versailles. Je suis partie…jusqu'au soir.

Charlotte Gandon /Juin-Juillet 1994 / (à mon oncle)

LA MER EN 35 VERS / OU MEDITER SUR CES DOUCEURS SURANNEES

Les violettes en bonbons
Les mimosas pompons
Et ce parfum désuet
De rose Damasquina poudré
Que posait ma grand-mère
Sur ma joue encore fraîche,
A son retour d'Hyères.

C'était l'époque antique
Dont les poètes épiques
Nous ressassent les Homère ;
Les épopées d'antan
Qui eurent l'heur de me plaire ;
Les souvenirs se pêchent :
C'est toujours mieux avant…

Un pays doux et chaud
Le Calme de la Provence
Tiédeur paisible d'une mère
La palme s'alanguit
Vers le Sud qui s'avance ;
Calanque qui se niche
Au creux d'un vin de roche.

Terre d'herbes et d'épices riches
Marchés sous le soleil,
Cuisine chaleureuse et montagne de salins
A chacun son poncif, sans cesse renouvelé,
Chacun son coup de pinceau,
Cézanne et ses tableaux
Dali : génie ou bien folie.

Par delà de la mer,
Le continent d'en face,
Si loin pourtant si proche
Que nos doigts s'entrelacent ;
Pays d'autres merveilles,
Aux plages infinies, foulées,
A nos pieds : la Méditerranée !

Charlotte Gandon-Sachs / dimanche 9 janvier 2011

NINA CHIENNE

J'aurais peut-être du t'appeler
Anna Karénine
Comme dans un livre
Ou bien Princesse
Comme dans mes rêves.
Mais je t'ai choisi un prénom
Comme celui d'une créatrice,
Un peu ambigu peut-être.

C'était un matin d'hiver
Et je me promenais
Parmi les marchands de fleurs
En douce compagnie.
Et puis à peine sortie de ta cage,
Tu m'as sauté au nez
Tu m'as léché le visage
Avec un petit air de dire :
« Emmène-moi !».
Alors j'ai craqué
Et je pense ne l'avoir jamais regretté.

Quand je suis triste, quand je pleure,
Quand je me noie dans mon chagrin
Ou dans mes rires, ou bien
Quand je rentre du labeur,

Tu es toujours là :
Boule d'énergie vive, noire et blanche,
Amicale et tendre présence,
Je sais, tu n'es qu'un chien,
Affamé de tendresse, mais tu fais
Parti de la douceur de vivre.

Parfois, quand de gros nuages noirs,
Ou d'autres animaux,
S'approchent de toi,
Je pense absurdement :
« Pourvu qu'à toi n'arrive
Aucun des soucis d'humain,
Perdu dans l'incertitude des soirs de givre. »

Charlotte Gandon / 30 novembre 1999

A MON MARI

Mon tout petit mari
Tout petit tout joli

Mon grand amour
Mon petit cœur
Mon p'tit chéri
Mon bel esprit

A mon ami
Mon grand soutien
Ma grande oreille

Mon beau patient
Mon grand courageux
Mon doux complice
Ma tendre épaule

A mon amant
Mon doux frisson
Ma nuit de noce

Ma paire de main
Mes cris de nuits
Ma douceur folle
Mon chèvrefeuille

Au papa de Gaby
Mon très calme
Mon épaule forte

Ma belle mélodie
Mon distributeur de câlins
Mon ange de tendresse

Ma tête sur les épaules

A mon avenir
Mes souvenirs communs
Mes jours à venir avec toi

Mon scénario
Mon goût partagé
Mon futur animé
Mon projet de vie...

A toi...A nous...

Charlotte GANDON-SACHS / 14-11-2009

A MAMAN / TO MY MUM

Artiste du bonheur,
Merveilleuse fée de ma vie.
Ambrée au fond des yeux,
Masseuse de mon cœur,
Aimée et même chérie
N'atténue, jamais, tes feux !

Happiness artist,
My life wonderful pixie,
Amber deep in your eyes,
Masseuse of my heart,
My sweat love,
Please, never turn off your lights !

Charlotte Gandon / Juin 1990/(04/06/1990)

L'ARCHANGE

Ça commence par un rêve à deux
Puis un projet d'être trois
Vient alors l'espoir que tu soies là
Puis une promesse de vie
Enfin, un frémissement

Alors, je t ai attendu
De toutes mes forces, de tout mon être
J ai tressailli pour toi, toi en moi,
A chaque instant le soir,
La nuit tu la peuplais

Quand enfin tu es venu
Parmi les douleurs, Et la joie banales mais indéniables
J'ai dit 'c'est un bébé', Etonnée
Et puis les anges m'ont appelée
Malgré cela je suis restée
Pour toi

Pour être là, près de toi
Pour te prendre dans mes bras
Pour te serrer contre moi
Tout contre
Avec le chant des berceuses
Et le bruit du rocking chair
Qui m endormait
Tandis que tu me regardais
Interrogatif et calme

Et puis peu à peu
Tu as grandit
Tout doucement
Tes sourires complices, tes premiers 'mamans',
Parmi les rires, les jeux,
Tu m'a appris
La sérénité et parfois la sévérité
Et moi j essaie souvent
De te montrer la vie

Mais pas tout ; Tu as bien le temps
Mon archange blanc
Ma tendresse blonde

Ton histoire s'écrit chaque jour
Mon bébé mon amour
En même temps que d autres
Comme toujours
Mais c'est la tienne
Pour toujours
Avec toi
Mon Gabriel…

Charlotte GANDON-SACHS / 14/11/09

DEVENIR GRAND

Un enfant,
Ca se prépare et on l'attend…
Impatiemment, on espère sa
Venue ; et le voilà, un jour, comme ça.

Un enfant,
C'est du bonheur, étourdissant ;
Ca vous attrape par le cœur,
Et ca vous porte, de joie en étonnement.

Un enfant,
Ca nous donne son affection,
Sans la reprendre et sa
Tendresse est douce, ça va de soi.

Un enfant,
C'est notre avenir ;
Ca nous regarde, toujours…
Et ça nous voit : des yeux de l'Amour.

Un enfant,
C'est l'innocente chaleur,
De sa petite main, qui nous prend,
Et c'est ça qui nous pousse à grandir.

Charlotte Gandon Sachs /Le 19 novembre 2011/ (d'après J.BREL)

LES BAMBINS

Les enfants ont des yeux
A plusieurs teintes dans l'iris,
Et ils jettent tout autour,
Un regard décoré d'Amour.

Leur peau est d'un si frais velours
Que veulent les protéger ceux qui les entourent ;
Et chez ces marmots s'envolent les cœurs
De rires, en soupirs et en pleurs …

Un peu de réconfort et ils repartent gaiement
Découvrir au fil des danses et des chants bleus,
Leurs corps potelés et gracieux,
Leurs voix aux timbres délicieux.

Ils égrènent alors leurs prénoms délicats,
Tout plein de rires, avec des ribambelles d'amis ;
En leur compagnie, ils entament des marelles ;
Parmi les jeux de balles, pétillants farceurs,
Ils s'émerveillent de partager jusqu'au bout une chandelle.

Leurs cheveux d'anges entremêlés, légers,
Ils viennent chercher de l'aide pour franchir une rivière,
Et totalement rassurés, ils retournent, à peine essoufflés,
Vers d'autres surprises ou vers leurs territoires.

Ainsi, que leurs idoles soient
Des chatons joueurs, des chiots gentils,
Des tortues déguisées d'arc en ciel,
Des poissons magiques, des souris jolies,
Une farandole de fées douces et tendres,
De belles princesses en fleur,

Et, venus de l'espace, des voyageurs d'ailleurs,
Ou que, tout simplement, (que leurs héros)se soient

Leurs mamans et leurs papas,
Les petits candides vont toujours garder,
Dans leurs courettes secrètes, leurs figurines préférées ;

Après moult émotions, l'appétit aiguisé,
Ils goûtent, gourmands, au bord des lèvres,
Tant aux gâteaux qu'aux câlins ;
Leurs sens, encore jeunes, pleinement rassasiés,
S'en vont se reposer de ces multiples voluptés.

Donc, au détour d'une histoire, le sommeil
Les emmènent au jardin des rêves,
Où ils imaginent de jaunes soleils,
Au dessus d'îles blanches ; mais déjà s'achève
L'heure calme, la sieste aux songes d'or.
Puis, la couvée d'un instant reprend son essor,
Et s'essaime dehors, dans la campagne, piaillant,
Soudainement vers les bois, les fils du bonheur.

Là, à l'orée de mousse verte, l'Aventure
Les attend ; (et) avec l'habileté de leurs mains mignonnes,
Ils s'amusent à bâtir de solides cabanes ;
A leur retour, les fiers explorateurs
Narrent leurs exploits dans de naïves peintures,
Des récits rocambolesques, des dessins subtils.

Ces mômes, aux parfums de fruits, ne connaissent pas l'étrange
De nos soucis, (de) nos frontières aux paix fragiles,
Car ils vivent aux creux d'un seul pays :
Leur monde d'innocence frêle.

Les joues rouges d'enthousiasme, enfin,
Ils reverront leurs parents, leurs frères et sœurs,
Délaissant leurs confidents du jour, souriant à leur future maison,
Accordant un dernier baiser à ceux qui croient les guider (et rangent leurs passions),
Tout en pensant : « Vivement l'aube aux couleurs d'orange ! »
Charlotte Gandon / Juillet 1991/ (21/07/1991)

LES AMIS

    C'est quand il faut leur dire
Au revoir qu'on ne peut plus ... les quitter.
-    C'est comme une seconde famille
Ils vous apportent tout, et ...même plus...
Et on leur rend tant qu'on peut !
-    Même s'il y a parfois des courants d'airs,
Les mots sont chauds   comme l'or du soir
Leurs mains sont pleines de bières fraiches   aux bulles de vie.
Leurs yeux vous offrent des étoiles plus violettes que les nuages
Et toujours leurs cœurs parfument de rires bons leurs bavardages.
-    Pourtant dans la ronde folle des jours,
Ils oublient aussi quelquefois
Pourquoi même ils sont là :
Ils moquent gentiment l'amicale compagnie...
-    Qui n'est pas démuni face au Monde Imparfait ?
Et ne veut le teinter à nouveau d'une perle d'arc en ciel ?
-    C'est dans la solitude qu'ils nous manquent le plus
Ils sont notre port d'attache
Qu'on aime à visiter.
-    Ainsi, avant d'aborder la mer incertaine,
On se retourne vers la plage ensoleillée :
La ronde de l'Amitié est là,
Clignotante comme un phare ;
On sait enfin qu'on a besoin toujours
De l'écume verte de leurs conseils d'amis.

Charlotte Gandon / 1992

LA TREVE DE L'AUTOMNE

L'autre jour derrière la fenêtre
Tout était calme.
Les arbres roussissaient doucement,
La lumière du soir jouait avec l'or des cheveux.
Les visages s'en jouaient sereinement,
La vie allait et venait.

J'avais chaud, j'avais frais,
J'étais bien.
Les voitures passaient
Et je les regardais
S'enfuir au delà de l'Horizon.
Là où la vie n'existe plus,
Vers le malheur oublié.

Charlotte Gandon / 1987

CHANSON DE NOVEMBRE

J'aime la petite nostalgie des tempêtes automnales,
J'aime l'ondée qui fait gonfler les champs,
J'aime les éléments en fête qui font frémir la plaine,
J'aime le deuil des belles journées,
J'aime le froid qui vivifie le sol,
J'aime la feuille morte qui respire la vie,
J'aime le roux fané par le crachin,
J'aime la pluie qui dans le caniveau gémit,
J'aime le parfum du terroir exhalé,
J'aime le torrent bruyant de l'atmosphère,
J'aime le vent qui porte au sillon la semence,
J'aime le blanc qui s'étend devant soi,
J'aime les flaques qui reflètent les nuages,
J'aime le calme qui émane de la friche,
J'aime la prairie qui gronde sous la boue,
J'aime la brise fraîche qui sent les roses éteintes,
J'aime la nuit dès cinq heures approchantes,
J'aime le tourbillon à la bouche glaçante,
J'aime le soleil à la lumière absente,
J'aime la bise molle qui attendrit la joue,
J'aime le gel qui fait danser les branches,
J'aime la forêt triste les jours d'orage,
J'aime l'eau qui perce dans les sous bois,
J'aime l'herbe des prés le soir après l'averse,
J'aime le gris qui marie ciel et terre,

J'aime la pierre par la rigole ravinée,
J'aime le chant des arbres, qui, sous la bourrasque, crient,
J'aime les envols vers le lointain,
J'aime l'horizon terne que le noir amplifie,
J'aime l'air qui s'alanguit avec la goutte folle,
J'aime la tornade sourde, acharnée,
J'aime la Nature qui jouit d'un air morne,
J'aime le clair obscur qui naît du mauvais temps,
J'aime le grand spleen des rigueurs hivernales.

Charlotte Gandon / Novembre 1991/(03/11/1991)

L'ODE A LA NATURE

C'était une pointe de soleil
Qui ruisselait, tantôt sur le
Feuillage moiré des forêts hivernantes,
Tantôt sur les champs dont
La terre, onctueuse et récemment
Labourée paraissait de Sienne,
A peine brûlée d'ocre doré.
A moins que des rayons
Chauds et colorés, ne s'étendent
Paisiblement sur les hautes
Terres d'herbes fraîches
Toutes mouillées de gouttes d'or !

Charlotte Gandon décembre 1989

NEIGE BLEUE

La goutte de pluie est tombée dans mon cou
Elle me chatouille le dos
Comme mon chat qui gratouille mon vieux pullover chaud (chou ?)
Il pleut, il mouille, c'est la fête à la grenouille.

Le rayon de soleil a transpercé mon cœur
Mais, comme il était vide est devenu arc en ciel
C'est un chant brulant, une pointe tiède
Ce soleil qui donne la même couleur aux gens.

Brise fraiche coulant sur mes chagrins
Et les efface comme rien
Et vivent les feuilles mortes qui s'envolent dans le matin
(Et qui se ramassent à la pelle)

Gel sous nos pas crissant
Crispant nos doigts engourdis, gerçant nos lèvres
Nos pics, nos peines s'y figent de silence,
Oh, glace, dis moi qui est la plus belle.

Neige blanche comme un manteau de sommeil
Sur le pays sans bruit, sans vie,
Où glissant ça et là, des enfants
Suivent le Père Noël et la Dame Blanche.
J'ai perdu mon chemin entre brume et brouillard
Gouttes froides dans l'air et dans mon nez
Et la légende des Néréides me renvoie au lointain
(Parmi les paumés du petit matin)

Dans des pays, très loin, se déchaine la chaleur
Trop forte même pour respirer, même pour jouer,
Ne parlez pas trop fort, sinon l'ombre s'enfuit…
Et c'est pour ça que j'irai là bas.

Dans le grand Nord, si sombre, règne le froid,
Où irons-nous s'il vient de là ?
Près du feu, pardi.

Alors, il repartira.
Comme en venant, sans bruits.

C'est le temps qui va qui vient
Qui barde et qui rouspète
La barbe en éventail
Dans son grand sac blanc...

...Il prend une pincée de sable
Aux couleurs de chacun des éléments,
Car, le temps est si mutin et malicieux
Qu'une hirondelle ne fait pas le printemps.

Charlotte Gandon /Le 22 février 1994

IVRESSE D'AOUT

L'océan frôlait les goélands
Qui plongeaient grisés par l'iode fol,
Au bas des falaises beiges qu'un peu de vert bariole.
Là, subsistaient des traces d'une plage sertie
De coquillages, par brassées, par corbeilles.

Nos pieds écumant la mousse salée,
Découvraient, alors, un complet délassement.
Vingt ans, déjà, et même plus viels,
Nous avancions, au milieu de cette dentelle de pluie.

Les grains de sable piquants devenaient, sous le soleil
Et sur le sol glacé, une crème vermeille.
Une jouissance interdite, par l'aubépine égratignée,
Nous nous serrions dans la fraîcheur sans fin
De la côte sauvage, lorsque l'été s'éteint.

Charlotte Gandon Mai 1991

POESIE

L'automne, au début, on aime bien ça ;
Beaucoup de bogues pleines de châtaignes et puis l'air
Encore doux ; Une foule de ballades les pieds dans
Les feuilles rouille d'or. Un parapluie s'envole,
Les chapeaux du Dimanche et le noir qui tombe plus tôt.
Tout plein de contes et de courses le soir….
La forêt en habit de gala, le ciel est bleu strié.

Du blanc des avions à réaction
Et encore des coulées de vent sur les cheveux des passants,
Gênés. Se promener, éveiller ses sens aux odeurs de
L'Automne, sentir l'humus de la terre ; On goûte une prunelle,
Découvre un champignon, qu'on nous dit vénéneux ;
Vivre quoi ! Courir au rythme de la saison, un cache-nez
Dans la poche, et puis rentrer.

Entre chien et loup, on fait un peu plus de travail, avant
Le chocolat, et de se blottir car déjà
L'Automne annonce ses frimas. Feux de cheminée. Au loin, à la télé
Il y a les nouvelles : grève des cheminots, batailles habituelles, vacances
De Noël, sur tout le Temps du lendemain. Enfin, presque toujours,

Les mêmes informations ! On va prendre un pull de laine :
La bise coquine se faufile par-dessus les fenêtres, bientôt
Couvertes de givre. L'Automne s'effondre peu
A peu. Tristesse de voir les arbres s'étioler.
Les voitures sont gelées, les lacs sont glacés et

Désolé de la perte d'un gant, on regarde
Dehors ; Là, la ligne d'horizon se confond avec
Celle de la plaine ou de la grande route. A l'heure des vêpres, la nuit.
Est déjà venue ; Y sont maintenant présentes milles
Etoiles, qu'on ne devine qu'à peine dans la brume qui sort
De nous. Enfin, on la regarde mourir
Cette drôle de saison, peinte de gaité, de mélancolie
Et de tendresse. Le jour suivant s'amorce. C'est le moment
De mettre des bottes… pour courir dans la neige !

Charlotte Gandon / Le 21 novembre 1996

ERIC

Il y avait un peu de lumière dans le grand hangar empoussiéré.
Dans l'atmosphère, flottait l'odeur emmiellée des brins de paille, couleur soleil, fraîchement coupés.
Le vieux tracteur de tes parents, abandonné en cette saison, occupait pas mal de place comme s'il eut été mis en exposition au regard de tous.
Tandis que tu t'affairais, une tendre chaleur parcourrait mes jambes. (Une caresse féline)
Un chaton scrutait de (s)ces (deux) grands yeux verts mon visage émacié.
Vous en aviez à n'en savoir que faire, des chats ; tout juste bons à se blottir entre les stères de bois, à s'échiner sur des vieux sacs de toile, à vagabonder pendant des journées (entières) et à venir vous réclamer de temps à autre un peu de lait, de viande et une caresse ;
Des chats comme ça, ça suffit pour détenir une toute petite parcelle de magie.
Sur le fond venait de se détacher les contours d'une bicyclette un peu usée alors que je m'imaginais dans un vieux pigeonnier avec son grand hibou caché.
C'était la saison où s'élèvent au dessus des sillons de la terre pâle des champs, les vols de palombes et les brumes pâles (blêmes) du matin.

Charlotte Gandon / décembre 1989 / (merci pour l'hébergement)

JULIE

Aujourd'hui c'est vendredi et
La maman de Julie doit travailler.
En partant, elle dit à Julie : « Tu seras sage et
Tu fera une promenade avec Dudulle ». C'est
Son chien ; Soudain, Julie sent son nez tout froid par le
Bisou de sa maman. Elle lui a dit que
Maintenant elle était une grande fille qui savait se débrouiller ; Alors le
Cœur un peu lourd, Julie enlève les tâches de son petit déjeuner, regarde
Dudulle qui lape, et enfile son petit manteau bleu.
Elle ouvre la porte de la maison. Brr… Dehors c'est froid. Mais elle
Aime bien ça ! « «Allez, le chien, tu viens ». La porte s'est refermée
Julie est dans le grand jardin. Dudulle court après elle.
Mais ne la rattrape pas. Julie
Est une championne de course à pied toutes catégories ; Elle sait
Qu'elle ne doit pas monter sur l'arbre déplumé qui est
Tout au fond. De là, elle aperçoit la route goudronnée
Les toits du village, les lignes d'hirondelles ; Rêver
De s'en aller… Le chien aboie. Si on rentrait !
Pourtant Julie, elle ne trouve pas qu'il fasse froid.
Dedans il faut enlever ses bottes ; C'est Papa qui l'a dit avec sa forte voix.
Julie essuie le chien qui s'est roulé dans les flaques, il aboie
Encore. Elle lui ordonne « Tais-toi
Donc ». Elle entend le crissement sur la voie

En gravier. Elle ôte les doigts
De ses gants. C'est Maman ! Elle la voit
Déjà à l'entrée du salon. Ses baisers sont très
Doux. Maman est fatiguée….
Qu'est ce qu'on va manger ? C'est l'heure de déjeuner.
Le chien aussi a faim. Au dessert, la maman de Julie la regarde, rassasiée,
Elle prend son ton des grandes nouvelles : « Julie, j'ai
Pensé à toi, que veux-tu pour tes huit ans ? ». « J'aurai
Aimé… » Fait-elle. En'' rerêvant''. Et puis elle se tait –
Elle préfère se mettre dans les bras de sa Maman. Et
Dudulle est doucement monté sur le vieux canapé…

Charlotte Gandon /Le 22 novembre 1996

SILHOUETTES ET PROFILS

(Souvenir Hugolien)

Dans le lointain
Des cris stridents
Déchirure
Détachement
Se détachent sombrement
Les ombres noires sur
Le fond blanc incertain
Des corps tordus méchamment
Par quelques diablotins
Brume du matin
Fumées épaisses
Peu à peu disparaissent

Charlotte Gandon
1985

LA PREMIERE NUIT DE MAI

C'était une belle nuit de Mai,
Les deux amants s'embrassaient.
C'était une si belle nuit de Mai,
Les deux amants s'avalaient.

C'était une belle nuit de Mai,
Il n'y avait qu'eux qui existaient.
C'était une si belle nuit de Mai,
Il n'y avait qu'eux qui riaient.

C'était une belle nuit de Mai,
Leurs yeux voluptueusement se fermaient.
C'était une si belle nuit de Mai,
Leurs yeux voluptueusement trépassaient.

C'était une belle nuit de Mai,
Leurs corps sous les caresses tressaillaient.
C'était une si belle nuit de Mai,
Leurs corps enlacés ne se détachaient.

C'était une belle nuit de Mai,
Leurs bouches de baisers se couvraient.
C'était une si belle nuit de Mai,
Leurs bouches d'Amour s'étourdissaient.

C'était une belle nuit de Mai,
La lune câline, ils contemplaient.
C'était une si belle nuit de Mai,
La lune même ils rejoignaient.

C'était une belle nuit de Mai,
Les heures sans trêve s'égrenaient.
C'était une si belle nuit de Mai,
Les heures de la nuit qui finissait.

C'était une belle nuit de Mai,
L'heure bleue d'un matin de Mai ;
C'était une si belle nuit de Mai,
Les yeux dans les yeux ;
Ce fut une si belle nuit de Mai,
Le temps des adieux.

Charlotte Gandon / Mai 1990

MON AMOUR EST ☺

Anachronique et aussi,
Absolu et pourtant,
Ahurissant comme mon
Apollon,
Affectueux et toujours
Attendrissant comme mon
Adonis,
Attristé et cependant,
Aspiré et enfin
Abandonné comme mon
Angelot.

Charlotte Gandon Sachs / 25 novembre 2011

MIROIR BLUES

Le regard bleu de verre
La prit sous son emprise
Capable de la défaire
Elle, reine des insoumises.

        Le regard bleu d'opale
        L'invita à l'envol
        Abolissant l'escale
        Jusqu'aux rivages créoles.

Le regard bleu diamant
Lui offrit le repos
L'espace envoûtant
Pour elle, souveraine sans anneau.

        Le regard bleu d'émail
        La partagea ; d'envie
        En renoncement ; canaille
        Ou bien vestale, une question de survie.

Le regard bleu de miel
Détailla son attente
Soupçonnant le soleil
De la princesse absente.

        Le regard bleu de laine
        Lui servi une bolée
        De charme, si pleine,
        Qu'elle but, encore assoiffée.

Le regard bleu de pluie
La laissa sans début
A son espoir d'ami
A elle, chevalière déchue.

Charlotte Gandon Mai 1991

L'EDUCATION SENTIMENTALE ☹

Cupidon,
Je te hais !

Les sanglots que tu m'apportes,
Je les abhorre.

Tes attentats à l'Amour,
Je les fustige.

Tes désirs étouffés dans l'œuf,
Je les brûle.

Les tentations d'Eros,
Je les assassine.

Les tornades sensuelles,
Je les méprise.

Les boulevards de la passion,
Je les hache.

Les geôles des sentiments,
Je les hais.
Les flammèches des romances intentées,
Je les brise.

Les lamentations des cœurs déçus,
Je les violente.

Les pactes des douceurs non scellés,
Je les écrase.

Les cocons de bonheur douillet,
Je les cisaille.

Les ba(l)lades tendres au clair de lune,
Je les renie.

Les soupirs des coups de foudre sans lendemain,
Je les pleure…

Charlotte Gandon/ Juillet 1991

ABECEDAIRE (DE DER ?)

A comme affection
B comme bohème
C comme culture
D comme devenir
E comme émerveiller
F comme fidélité
G comme germinal
H comme humer
I comme innocence
J comme jeu
K comme Kerguelen
L comme elfe
M comme émotion
N comme nuance
O comme Océanie
P comme partir
Q comme quelque
R comme herbal
S comme sature
T comme thème
U comme utopie
V comme ville
W comme wérité
X comme xénophile
Y comme Yeleen
Z comme zephe (yr)

Charlotte Gandon/ Avril 1992

LE NOUVEL ALPHABET

A comme l'ami d'Alice
B comme blanc et bleu (de peur ?)
C comme le candide Caroll
D comme dormir c'est si doux
E comme s'aimer dans l'Eden
F comme le futur fragile
G comme grignoter son goûter
H comme une hallucination hésitante
I comme il est une image
J comme le joli sent le jasmin
K comme un câlin calmant
L comme le lapin de Lewis
M comme un mur (mûr) de merveille
N comme Narcisse dans les nuages
O comme bonne oreille, bon œil
P comme le pays des porcelaines
Q comme la quête de la carotte
R comme chez la reine rose des rongeurs
S comme cette espèce si esthétique
T comme le timide turbulent
U comme avec cet humour unique
V comme si avec du virtuel vaporeux
W comme c'était un vivant vertébré
X comme extrêmement xylophage
Y comme qu'il y avait sous nos yeux
Z comme le zoo des animaux zélés.

Charlotte Gandon/ 17 août 1997

A B C D E F G
H I J K L M N
O P Q R S T U
V W X Y Z ·· ~

PETIT POEME CONTRARIANT/
OU QUAND ON AIME ON A TOUJOURS VINGT ANS

- Parfois tes yeux inquiets s'interrogent,
« Qu'est devenu mon corps et suis-je encore aimable ? »
Demandes-tu au miroir, la face toute tendue…
- …Dans ton regard, perdu sur le passage des ans,
Se reflètent mille et un souvenirs qui dessinent des ridules,
Selon moi, elles ne sont que larmes de sagesse,
Un trait de peine, une nuit d'attente,
Ce sont de douces marques comme des preuves d'amour.
- Et aussi ces rides qui te soucient vainement,
Ne sont que toutes ces petites traces qui viennent au coin des yeux chaque fois que tu souries,
Ne sont que quelques plis au coin des lèvres lorsque tu t'extasie,
Tels des preuves que la vie a écrites sur ta peau.
- Tu ne fais pas ton âge, car
Comme le fil de l'eau ton visage s'apaise avec le calme
Et s'anime à nouveau quand tu fais des ballades sous le fouet du vent et le feu du soleil.
Les jours qui passent laissent furtivement leurs signes
Mais pour moi jamais ils ne se remarquent
Face à l'épreuve du temps, le bonheur est tout lisse.

Charlotte Gandon / 2005

L'ARAIGNEE DE LA VIE

L'araignée de la Vie
Piétine mon corps
Tout en longueur,
Tout en langueur.

L'araignée de la Vie
Comme par un sort,
D'une amère caresse me défait.
Et dans le noir de mon lit disparaît.

L'araignée de la Vie
S'agrippe vraiment fort ;
Ses pattes tactiles
Se contractent et frétillent.

L'araignée de la Vie
A reprit son essor,
M'a rejointe d'un bond
Larguant un grand fil blond.

L'araignée de la Vie
N'a pas eu trop d'effort
Pour tisser une longue toile,
Dans mon ciel plein d'étoiles.

L'araignée de la Vie
Ai-je vraiment eu tort
De ne la laisser fuir
Et d'oser la détruire ?

L'araignée de la Vie,
L'araignée de la Mort
A bien choisit mon cœur
Pour darder sa rancœur.

Charlotte Gandon Mai 1990/(24/05/1990)

LES POETES

Bonjour RAIMBAULT
Au visage d'angelot,
Ohé ! Arthur
Aux mirages d'aventures.

Cher VERLAINE
Dans ton style plein de peine
Aïe ! Paul
Indécis dans ton rôle.

Goûté HUGO
A la saveur de tes mots,
Oh ! Victor
A l'alexandrin d'or.

Révoltés d'une époque
Innervant mon île d'Atlantique
D'où s'embarque CALLOCK
Aux armes pacifiques.

Coucou COLETTE
Sauvagine en goguette
Tes doux coups de cymbales
N'éternuent pas pareil.

Encensé APOLLINAIRE
Aux alcools célèbres
Hem ! Guillaume
Aux vers comme des pommes.

Insensé PREVERT
A la rime douce amère
Ep ! Jacques
A la mine cosaque.

Bye, MISTRAL,
Joli nom de garrigue,
Aux accents de GIONO
Sous l'ombre du soleil.

Et à bientôt, merles brillants
Nargués d'une lettre blanche
Irrationnels, ils s'épanchent ;
Sidérant talent de Vian…

Ecoutées les éternelles voix
Contre les franges de l'oubli
De JAMES, FORT et des sans toits,
Qui exaltés mêlent l'ancolie…

…Romantique ainsi que l'hymne fier
L'actuelle chanson de naguère…
Bel ELUARD qui modèle
Un libre givre surréel.

Chéri BRETON
A l'automatique crayon
Hé ! André
Au sympathique aspect.

Aimé ARAGON
Ta vie de compagnon
Eho ! Louis
Elsa t'as ébloui.

Au revoir DESNOS
Le Palatin des gosses
Hum ! Robert
A l'encre de tonnerre.

Ciao, rimeur,
Les livres sur le cœur
Où à la main le mot :
Guide lame vers la digue

Adieu SUPERVIELLE,
Décrivant l'incertain
Tel une Terre nouvelle ;
S'en reviendra demain….

Charlotte Gandon / Mai 1992/ (28/05/1992)

HOMMAGE AU GENIE

Les colonnades splendides
De ton palace de marbre
Me rendent presque avide
De ton blanc candélabre.

Je possède, en effet
La fougue d'une gazelle
Et ton pelage me sied,
Pour me remplir de tes édens artificiels.

Déjà, je m'élance dans tes mimosas
D'antan et recherche le souffre
Malin pour me soumettre à toi,
Et me transpercer de ton âpre misère.

Le fantastique a-t-il subjugué,
Comme a agit sur moi, chimère rousse,
Ton spleen du soir inaltéré
Et les justes accords de ta magnifique muse.

Lunatique et féline, je serai
Afin de correspondre à tes pures esquisses
Dès lors la prétention me vêt
Car le faste de ta mer éblouit trop les femmes grises.

Charlotte Gandon / Mai 1991/NB : merci à Charles BEAUDELAIRE

PASTICHE

Demain nous n'aurons plus de roi,
Chantaient les roitelets.

Demain nous n'iront plus au bois,
Bruissaient les boisseliers.

Demain nous n'feront plus la loi,
Disaient les oiseliers.

Demain nous auront trop de poids,
Pleuraient les poissonniers.

C'est que nous n'avons pas de droits,
Se plaignaient les bons droitiers.

Mais ceux qui ne choisissaient rien,
C'est ceux qui n'en rêvaient pas moins.

Charlotte Gandon Sachs / 13 octobre 2011 /D'après Luc BREMONT

VEAU-LUBILIS

De Veau- Levicomte à Veau-Envelin
De Veau-Girard au Veau-Cluse via Veaux-Hallan.

*La campagne battait son plein,
On donnait pour grands gagnants :*

Les Ris de-Veau, Veau-Lubiles, qui Veau-Cifèrent,
Veau-Lontiers du Veau-Cabulaire Nou-Veau.

*Leurs têtes en l'air,
Epinglées sur des panneaux.*

De Veaux-Latils Veau-Tezpourmoi qui Veaux-Calisent
Les Veaux-Lontaires au Cerf-Veau Veau-Race

*Etaient en crise…
Comme c'est cocasse !*

Charlotte Gandon-Sachs/17 novembre 2012/D'aprèsL. DESNOUES

MANO A MANO ou LA PAUME EFFEUILLEE

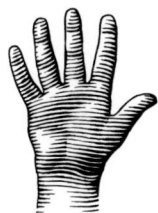

Je regarde mon pouce
Ce grand gourmand dodu,
Qui tend vers sa compagne,
Son index familier,
La lame de ses ongles.
Le fils, qui est majeur,
Montre aux autres où aller ;
Et le doigt délicat,
Qui se pare de bagues, suit,
Avec son jeune frère,
Le petit riquiqui,
Le petit ange de la famille,
Des pétales de ma main.

Charlotte Gandon Sachs /20 octobre 2011   d'après A.BERTRAND

POEME DU SOIR

Mon poème se libéra sur ta peau ocre,
Mon poème s'exprimait par des toilettes turquoise….
Mon poème fut ressenti dans un paradis beige rosé ;
Mon poème se partage dans des rêves jaune basique.
Mon poème s'exprimera au Château translucide !

Charlotte Gandon Sachs/25 novembre 2011

INTENTIONS

Mon amour je te dityrambe,
Mon amour je t'absolutise,
Mon amour je te despertise,
Mon amour je te coccijambe,
Mon amour je t'exotise,
Mon amour je te colombise,
Mon amour je te calinange,
Mon amour je te subtilise,
Mon amour je te solubilise,
Mon amour je te cervolise,
Mon amour je te parfumange.

Charlotte Gandon Sachs/ 25 novembre 2011

RIMBAMBELLE

La fille de pique habillée en as de joie
Commanda, illico dolce, molto presto, s'il vous plaît,
Un vin à parole servi avec un moulin de messe
Par un garçon de village sur une place de café
Sis au carrefour de la chambre des platanes et de l'allée de l'agriculture ;
Songeant à ses péchés du dimanche avec un pêcheur de jeunesse,
Et rêvant à une meule de nuit avec un valet de foin
Aux confins du chemin de Louviers et de la route de fer
Entre un air de soleil et un souffle de plomb.

Charlotte Gandon-Sachs / 17 novembre 2012/ D'après J.Prévert

LE POUVOIR DES MOTS

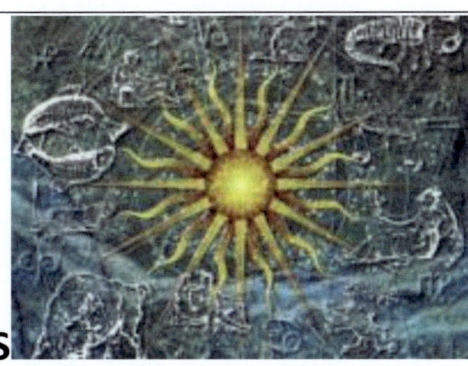

Je dis : Soleil et c'est une boule d'or de magma en fusion qui se dégage des étoiles.
On me dit : Soleil et la romance s'allume sous la chaleur ocre des ombrelles blanches.

Je dis : Liberté et l'étendard est brandi par-dessus le toit dans le ciel rougi.
La Liberté c'est se mouvoir sans y penser comme une parole vole au vent.

Je dis : Rêve et je glisse dans une aventure peuplée d'orgie de chocolat sous une averse de chantilly.
Je pense : Songe et la nuit s'avance comme une danse en farandole, fantaisie en blanc et noir.

Nous disons : Dieu tel une genèse d'essence divine, une source sereine vers au-delà.
Je dis : Dieu et il m'enrobe de confiance, ma protection contre le vide.

Charlotte Gandon Sachs/Le 19 novembre 2011 / D'après A. AYGUESPARSE

ADRESSES

C'est au numéro mille
De la rue des petits riens
Que se niche ma famille
Aux accents parisiens
Et à côté des miens
Il y a Montparnasse
Et devant ma terrasse
On joue souvent aux billes
A l'ombre de la grand'place.

C'est devant ma porte
Que nichent les oiseaux
Au nombre de vingt sept
Comme mon numéro
Rue de la Maison Forte
De ma ville de Sète.

Charlotte Gandon Sachs / 11 novembre 2011 /d'après Raymond Quenaud

CARAMBOLAGE

Vive la contredanse !
Pare choc contre pare choc
J'pousse mon cri d'auroch :
"PATATE, avance !
J'suis pas en avance… "
Vive la remorqueuse !
Soudain des pneus hurlants
Sous le métal crissant.
Coup de klaxon dans le vent
C'est de la tôle ondulant,
Et la peinture abimée
De la carrosserie métallisée.
Vive la dépanneuse !
La rencontre était inévitable,
Et le constat amiable ;
Un accident évidemment…
Pas un jeu d'enfant ☹

Charlotte Gandon Sachs, 07 octobre 2012

LA PISCINE

Voici ce que je vis : de l'eau à pleines gouttes,
Qui coulait doucement, comme un miroir émeraude, ou le ciel et sa voute
Me happaient, sans le vouloir.

Et ce que j'entendis : à peine un clapotis,
De fines vaguelettes, heureuses,
Qui riaient, gaies ou bien alanguies,
Sur ma tête étourdie, et toute bienheureuse.

Charlotte Gandon Sachs /Le 20 octobre 2011 D'après Gérard de Nerval

© 2013, Gandon-Sachs
Edition : BoD - Books on Demand
12/14 rond-point des Champs Elysées, 75008 Paris
Imprimé par BoD – Books on Demand, Norderstedt, Allemagne
ISBN : 9782322031238
Dépôt légal : Novembre 2013